TRAJES DE ETIQUETA
(100 *senryū* con título)

Marce Ferrera Castillo

COLECCIÓN ITES

TRAJES DE ETIQUETA
(100 SENRYŪ CON TÍTULO)

© Marcelino Ferrera Castillo
© Prólogo: Manuel Estepa
© de esta edición: Olé Libros, 2025

ISBN: 979-13-87620-76-9
Depósito legal: V-3238-2025
Impreso en España

KALOSINI, S. L.
Grupo editorial olélibros
equipo@olelibros.com
www.olelibros.com

A María, mi guía, mi primera y última lectora

Voy a vestirme el traje de etiqueta.
Cuidaré mis maneras,
perfumaré mi aliento...

MARÍA ELVIRA LACACI

Tu traje de duelo,
tu traje de fiesta...

ANTONIO MACHADO

PRÓLOGO

Decía el autor ruso Anton Chejov que la brevedad es la madre del talento. Cuando lo pienso detenidamente no puedo estar más de acuerdo. Si bien para otros menesteres la brevedad puede suponer un problema, en literatura (opinión completamente personal) es a la par plausible y compleja. Expresar una idea en pocas líneas puede resultar frustrante para el poco avezado, y gratificante tanto para la persona con talento, como para el afortunado que la lee.

Si hablamos de brevedad, contención y profundidad, dentro del mundo lírico, la rama japonesa tiene un papel destacado en los ejemplos del haiku y el *senryū*. Este último ha cautivado a lectores y escritores durante siglos. Nacido en el siglo XVII, se desarrolló como una forma de poesía humorística y satírica, que se centraba en la vida cotidiana y las relaciones humanas. Con el tiempo, evolucionó y se diversificó. Los poetas japoneses comenzaron a explorar nuevos temas y formas de expresión, y el *senryū* se convirtió en una forma de poesía que podía abarcar no solo la ironía y el humor, sino también la emoción y la reflexión. Ahora, aquí, nuestro autor, nos trae un centenar de ellos cargados con esos principios y ejes temáticos, aunque «atentando» ligeramente contra la forma japonesa. Como bien dice en su *Captatio benevolentiae*, este tipo de composiciones nunca han tenido título. Él lo achaca a su visión occidental y, en cierto sentido, me sumo a esa opinión, pero me resulta incompleta. Ese título (etiqueta) que nos desliza el autor no hace sino completar el contenido semántico del poema, dándole más claridad y peso a lo que está queriendo expresar, siendo, en muchas ocasiones igual que un nenúfar, casi un verso más suspendido en ese estanque tranquilo de tres versos. El espíritu inconformista del autor huye del número tres y proporciona la cuarta pata de la mesa para lograr una mayor estabilidad. En estas páginas surge eso de lo que hablaba Chejov y que es tan difícil: el talento de decir tanto con tan poco.

Marce Ferrera Castillo nos propone un viaje con pasos de tres en tres. Cada página es una estación, una fotografía congelada en el tiempo. En su hojeo detenido, el lector encontrará una variedad de temas y pulsos, desde la sonrisa entreabierta hasta el ceño agrietado, desde el gesto pensativo que se pierde en el gotelé del techo hasta el chasquido de una mirada vidriosa. Todo ello cargado de intención poética. Para llevarnos de la mano en este viaje nos deja un manojo de postales separadas en cuatro capítulos que coinciden con los cuatro pilares del libro.

En primer lugar, nos encontramos *Harapos y Armanis (arcón de ropa y* senryū*)*. Es un cajón de sastre que, a modo de introducción, nos va dando pinceladas del mundo interior del poeta. En este capítulo hallaremos grandes aciertos expresivos, imágenes cuidadas y evocadoras, y un sentido intuitivo y elevado de la estética acompañando a un fondo contundente. Después nos sorprende con *Petos de payaso*, sección que, debo admitir, es una debilidad personal. Si algo caracteriza al autor es su forma ácida, irónica y humorística de ver la realidad. Aquí se plasma una columna vertebral de su entendimiento. Se entrelazan los juegos de palabras y las referencias culturales, los chistes malos y las conexiones ingeniosas de ideas. Todo al servicio de una literatura fresca, que no huye de su tiempo, pero tampoco de lo que le ha precedido. En la tercera parte nos topamos con nuestro universo más clásico en *Túnicas púrpuras*. Aquí los protagonistas tienen nombre propio y huelen a mármol. Nos regala un ramillete de versos al compás de la mitología grecolatina, en ocasiones barnizadas con su humor característico ya planteado en los capítulos anteriores. Por último, el *senryū* vuelve a casa. En *Mofukus y furisodes* se nota que nos alejamos del Mediterráneo y el aroma de Japón lo envuelve todo. Tanto es así que el poemario se detiene sin pararse, se apacigua y es mucho más contenido, serio y elegante; en definitiva, mucho más japonés. Las cuatro partes forman un corpus sólido y meditado, en el que cada una de las piezas le dan sentido al todo.

Pero... ¿Qué propósito tiene nuestro autor para echar a volar estos versos? Cumple Marce con esa imagen de poeta callado (creativamente hablando), que va elaborando verso a verso, en silencio, casi como si fuese una sorpresa, su constructo poético. Es una forma de escribir honesta, limpia, sin ambages, desacomplejada y, sobre todo, modesta. El autor se aleja del postureo poético y se va quitando capas hasta ser un impulso atávico donde nace la *poiesis*. Lejos de ser un trabajo de escribano rutinario, es un apetito, una necesidad de decir cosas que tengan una resonancia en nuestra caja torácica. Todo esto hace de su poesía una chispa espontánea de verdad desabrochada que habla en nuestro idioma.

Curiosamente, en *Trajes de etiqueta*, el autor se desnuda. Nos da las claves para llegar a su yo más profundo, dejando entrever no solo su personalidad poética, sino la real, la que yo escucho en mi cabeza cuando estoy leyendo un verso suyo con su voz. Nos invita a esa «fiesta de etiqueta» porque, al mostrarse desnudo, nos incita a que nosotros le imitemos y hagamos nuestras sus palabras; pareciera que cada una de ellas fueran pequeños espejos. Las vías están aferradas a la tierra bajo nuestros pies para que lleguemos a las mismas cavilaciones, aunque otras sean nuestras conclusiones o interpretaciones de las postales que nos manda. Disfruten cada una de las estaciones a tres versos por segundo... pero sin prisa. Yo no me extiendo más, no vaya a aparecérseme Chejov con cara de desaprobación.

MANUEL ESTEPA

Captatio benevolentiae

El *senryū* es el hermano bastardo del haiku. Es travieso, amoroso y quiere volar.

Si el haiku necesita mirar hacia fuera y contemplar la nevada insólita, el primer frío de hojas caídas, el renacer del cerezo o el calor en la montaña, el *senryū* mira hacia dentro. Ve lo que ocurre en el interior de las cosas, los acontecimientos, las personas. Es una ola o un tsunami que afila los sentimientos desbordados. Para ello se vale de la anécdota, el humor o la emoción del yo o del tú. También del nosotros.

Trajes de etiqueta es el homenaje o aquella visión occidental de la forma y el fondo del *senryū* oriental.

Ni un haiku, ni un *senryū*, ni una *tanka* llevan título. Estos míos, sí. Llevan la etiqueta que desde occidente le damos a los conceptos, para acercar o alejar, el interior de nuestros poemas.

Aquí hablo del temblor en el amor, sus desolaciones y la mueca de una risa.

Como soy hijo de mi cultura, transito por la esencia grecolatina que me han confeccionado un traje vistoso o apagado, según sople el céfiro.

De alguna manera siempre vamos vestidos con harapos o de etiqueta, incluso (y sobre todo) cuando nos desnudamos, que es lo que intento aquí: zurcir un traje invisible que desnude nuestro cuerpo ataviado de nombres y hechos.

I

Harapos y Armanis
(arcón de ropa y *senryū*)

El hombre invisible

Cuando se mira
en el espejo roto
se ve desnudo.

Virginia Woolf ante un espejo

Una mujer
maquilla su deseo.
Perfila grietas.

CARO DATA VERMIBUS

¿Por qué enterramos
tan deprisa a los muertos?
Por sed, gusanos.

ALZHEIMER

Quiero creer
que siempre es Navidad
en su cabeza.

CARACOLA

Desde aquí puedo
escuchar al mar cómo
susurra nada.

Efectos personales

Grietas y sombras.
Y un candil que ilumine
toda la noche.

La tumba de las luciérnagas

Vuela en la noche
una luz quebradiza.
Olvido mudo.

CÚMULO

Las frías nubes
se deslían del viento.
Malabarismo.

Las afueras de Nueva York

La luz lejana
de la ciudad parece
un bosque ardiendo.

Noche incandescente

Prende la noche
pólvora de naranja.
Sueños de azul.

NEBULOSA

Entre la bruma
se adivina una luz.
Clarividencia.

Ave imposible se desintegra en el cielo

Vi cómo aquella
aurora boreal
era un quetzal.

MALEFICIO

La tarde oscura.
Helada repentina
sobre las fresas.

Conticinio

Duerme hasta el sueño.
Y un reino invulnerable
desvaneciéndose.

Estética del vacío

Pende de un hilo
blanco la araña negra.
Funambulista.

CONFINAMIENTO

Cuatro paredes.
El tiempo es un recuerdo
que se derrumba.

El amor en los tiempos de las mascarillas

El chico ciego
le sonríe a la chica.
Braille en sus ojos.

Nidito de amor en Groenlandia

He construido
chimeneas de nieve
en nuestro iglú.

El desamor

Las mariposas
son gusanos podridos
en el estómago.

Amor en enero

Nieve encendida.
Filamentos de seda
que se derriten.

CARTA DE AMOR

Ya me llegó.
Pero tu letra sigo
sin entenderla.

Revista de decoración

Pasas las páginas
y profundizo en ti.
Interiorismo.

Teoría de cuerdas

Si te desato,
el cuero de tu piel
se anudará.

Puente levadizo

Se reabrieron
tus piernas quebradizas.
Tráfico fluido.

ALUNIZAJE

Capitularon
sin poner resistencia
tus dos lunares.

II

Petos de payaso
(*senryū* de humor)

ENTREVISTA NOVEL A UN POETA NO TAN NOVEL

—¿Cómo empezaste
a escribir poesía?
—Con un bolígrafo.

Diálogo platónico de un poeta con un atolondrado efebo

—¿Por qué un mar suave
se torna embravecido?
—Y yo que sé.

EL *MINDFULNESS* NO ME SIRVE DE NADA (IRONÍA ORIENTAL)

A mi cabeza
le brotan mil y un haikus.
Puto *mindfulness*.

El *HAIJIN*

Toda la noche
contando dieciséis,
mierda de haiku.

INSPIRACIÓN FUGAZ

Cuando despiertes
el poema ya no
estará allí.

Un viaje zen a las cascadas del monte Fuji

Meditación.
Yo, un buda bajo el chorro
del plato ducha.

CRISIS BUDISTA

El zen es trola
y me aburre Kurt Cobain.
Pagoda en ruinas.

Claustro

Fuera, recreo.
Dentro, sigo encerrado
en cuartos de esos.

Perfil docente

Hombre jugando
a ser Platón y Sócrates.
O un profesor.

El profesor de secundaria

Cuando aprendí
a hablar, nuestro mundo
dejó de oír.

TikTok

Jóvenes cuerpos
jugando a ser adultos.
¡Mil seguidores!

TikTok del Barroco

Quevedo y Lope
mueven el esqueleto.
Se ofende Góngora.

CMXCIX Premio Internacional de Poesía Ciudad de Punto Nemo

Ayer fue el fallo
del jurado. Por eso
volví a perder.

Un souvenir de invierno

La Navidad
ha sido secuestrada.
Cristal de nieve.

Las dos reglas del perdedor

No pises nunca
aquella alfombra roja.
Brinda con agua.

IMPAGOS

Rompo la noche.
Fractura de la luz
a fin de mes.

En el año 3025, los coches vuelan y los humanos siguen estresados

En el futuro,
un androide medita
ir al psicólogo.

Un astronauta al llegar a la tierra, discute acaloradamente con su mujer

No puedo más,
necesito mi espacio.
Noche sin luna.

Un sádico en la playa observa a una chica distraída tomar el sol

Y lentamente
la marea asesina.
Su *tablet* muere.

TANATOSIS

Estoy seguro
que has buscado en el móvil
qué significa.

STANISLAVSKI Y EL VENCEJO

Finge su muerte
trágica digna de Oscar.
¿Actor de método?

CARNET DE MANIPULADOR DE ALIMENTOS

Tengo a los plátanos
y a las fresas en contra
de las patatas.

6 DE ENERO EN EL PALACIO DE LA ZARZUELA

Los Reyes son
los padres. Descubrieron
nuestras infantas.

Vuelta a la normalidad en la gran ciudad

Un ruiseñor
intenta hacerse oír.
Suenan taladros.

Moraleja del juego de la serpiente de los móviles Nokia

Solo se pierde
cuando al final te chocas
contigo mismo.

III

Túnicas púrpuras
(*senryū* clásicos grecolatinos)

8 DE MARZO

Como cariátides:
mujer labrada en mármol,
sostén del mundo.

Arquitectura del aire

Esa liturgia
de alas incandescentes
del vuelo de Ícaro.

Piscina cerrada por fin de temporada

Narciso danza
en el fondo de un río.
Simbiosis de agua.

EL TEJER DE LA BRUJA

Circe se siente
sola. Bebe sus pócimas
para olvidar.

Caja negra

Caja vacía.
Pandora se dispersa
sobre la noche.

La belleza del tiempo

Perderlo todo
justo cuando no debo
mirar, Eurídice.

El hilo de la sombra

Un laberinto.
La urdimbre de la noche
guía a Teseo.

Piedra cruda

El lapislázuli
de sus ojos ya muertos.
Brecha en Medusa.

Archipiélago del deseo

Aquellas islas,
todas mujeres de Zeus.
Excepto Europa.

La desmemoria de los héroes

Teje Penélope
los días que Calipso
en la noche hila.

Arde el mar

Medea llora
y envejecen las aguas.
Brota la hoguera.

TINDER DEL OLIMPO

Eros seduce
a Tánatos con versos.
Le salen ripios.

Antígona en el Festival Internacional de Teatro Clásico de Mérida

Cuarenta grados
a la sombra y subiendo.
No me *sofocles*.

La fría Anaxáreta, el doliente enamorado y el machismo ya desde la mitología clásica

O sea que Ifis
se ahorca ¿pero ella es culpable?
Era un cansino.

Cambio climático en el averno

Huye Perséfone
de sus infiernos. Deja
a Hades frío.

Endimión y Selene, en la cueva de Latmos, pasan una noche de pasión

Bajo las sábanas,
desenredo el eclipse
de tus lunares.

DORMIRSE EN LOS LAURELES

Aún espera
Apolo que le broten
peras al olmo.

CERBERO Y SU MÁXIMA DE «LOS MUERTOS NO SALEN, LOS VIVOS NO ENTRAN»

Discoteca Hades.
Un portero y el derecho
de no admisión.

La inmensa soledad de Jasón

El argonauta
vaga con su barco ínfimo
por el mar Negro.

Prometeo desafía a los dioses

Todos tenemos
dentro un fuego inmortal.
Revolución.

Una temporada en el infierno

Cruzo un umbral
sin carontes ni rumbos.
¿Podré volver?

FRESCO DE PÍRAMO Y TISBE EN POMPEYA

Aquella grieta
en la noche o en los muros
de mora púrpura.

Declaración de Paris a Helena de Troya

Eres tan bella
que provoqué una guerra
o un armisticio.

«Un coche de carreras es más hermoso
que la Victoria de Samotracia».
Filippo Marinetti

Abrazos rotos.
¿Sabremos algún día
lo qué abrazó?

ODA AL CABALLO ALADO

Ebrio del aire,
nadie doma los sueños.
Alas de nube.

IV

Mofukus y furisodes
(*senryū* orientales)

DESENGAÑO EN OKU

Sigo el camino
persiguiendo luciérnagas.
Postes de luz.

Veneno manchú

Un elixir
eran todos tus besos.
Me equivoqué.

El escriba de Gengis Kan

Desde este valle
veo diezmar al mundo.
Hordas de fuego.

UNA MUJER SE ESCONDE TRAS UN BIOMBO

Podía verle
hasta las cicatrices
de su interior.

GEISHA

Dame caricias,
prestidigitadora.
Desnuda el biombo.

El imperio de los sentidos

En jade envuelto,
el kamikaze bebe
febril tu sake.

Madrugada en una habitación nipona

Casi te has ido.
El futón sobre el suelo
helado, inerte.

ATARDECER EN SAMARCANDA

Zurcí los besos
caminando la ruta
de nuestras sedas.

ROMANCE EN TOKIO

Otro temblor
en esa escala tuya.
Un terremoto.

Amor en japonés

Si tú me miras
arderé vehemente.
Ascua en los ojos.

Mujer rodeada de cerezos

Carmín y pólvora.
Se avecina una guerra
en tus *sakuras*.

Hachiko frente a la estación de Shibuya

Un animal
espera a su amo sobre
la vía muerta.

Invierno en la Batalla de Sekigahara

Cerezo en nieve.
Odachi de samurái
que se desangra.

Frío en la isla de Honshu

Edad de nieve.
Vuelve la lejanía
y aplasta al sol.

EL ÚLTIMO KABUKI

El viejo actor
se borra el maquillaje.
Muere un dragón.

EL *SHOGUN* Y LA LIBÉLULA

Una armadura
rota, muere despacio.
Metamorfosis.

ORIGEN MÍTICO DE ZIPANGO

Una katana
sacude un mundo en piedra.
El viento muere.

El último yuigon de Yukio Mishima

Brillo infrecuente.
Una daga de sangre
tizna la luna.

El samurái de la ciudadela

Cae el bastión.
Lentamente él despoja
su *tantō* y su hálito.

Medianoche de verano en Hokkaido

En el umbral,
jaspeaba las notas
aquel samisén.

Una leyenda japonesa

Un dragón guarda
un antiguo secreto.
Se cree que...

PRIMAVERA EN EL MONTE FUJI

Sol de agua y nieve.
Palidecen los vientos.
Cerezo en flor.

LA FORTALEZA DE OSAKA

Una princesa
cautiva a sus captores.
Canción de loto.

El sueño de la grulla

Pájaro blanco
sobre campos de arroz.
Un origami.

Las lágrimas de lady Asano

Casa abolida.
Los muertos solo beben
amargo sake.

AGRADECIMIENTOS

Debo agradecer el nacimiento de este libro a mi padre, mi madre y mi hermana, por estar siempre visibles en la oscuridad y en la claridad; a toda mi gran familia (cuñado, sobrinos, primos, tíos...); a Paco, María y Rocío por tener siempre su puerta abierta para mí; a mis dos hermanos poetas, Garry y Manuel, que contribuyeron con su incisiva agudeza poética a mejorar mis *senryū* y a alumbrar mi vida; a todos mis amigos que estuvieron, están y estarán: Jesús, Laura, Mely, Moyx, Sara, Mariló (y a todos sus preciosos hijos), que todos ellos llegaron en la época de la universidad (y teatro) y se quedaron toda la vida; a Jacob a quien le debo el verso endecasílabo y el haiku; a Manuel Martínez, que tanto me enseñó y que nada me enseñó de Física; a Abel, genio de los deportes y de mis risas; a Matt y Enrique, amigos de música, videojuegos y confidencias; a Hugo que siempre me espera fiel con una historia llena de hamburguesas (¿o era al revés?); a Angie, canción y amiga en el recuerdo; a Lydia, lectora y amiga de tardes de cine; a todos los profesores que me enseñaron a vivir, a todos los poetas y músicos que me acompañaron a sentir; a todos y cada uno de mis compañeros de trabajo (hospitales, centros de salud e institutos) que están aún ahí y por siempre; y a todos los que quizás perdí pero que me dejaron huella en algún momento de mi vida.

ÍNDICE

III. Túnicas púrpuras